LA PROCÉDURE DE LA SAISIE IMMOBILIÈRE

OHADA
Organisation pour l'Harmonisation en Afrique du Droit des Affaires

MOUKAGNI-IWANGOU
Magistrat

LA PROCÉDURE DE LA SAISIE IMMOBILIÈRE

Petit guide pratique du juge

Préface de
Pr. Antoine OLIVEIRA

Agrégé des Facultés de Droit
Président de la Cour Commune de Justice et d'Arbitrage

L'Harmattan

5-7, rue de l'Ecole polytechnique, 75005 Paris

http://www.librairieharmattan.com
diffusion.harmattan@wanadoo.fr
harmattan1@wanadoo.fr

ISBN : 978-2-296-54819-0
EAN : 9782296548190

La fascination que le rituel des bougies a créé dès le premier jour au petit juge que je n'ai jamais cessé d'être, m'a conduit à faire le point de mes émotions, à les ordonner dans ce support, et à les soumettre à la certitude des sages, en espérant qu'elles obtiendront simplement le mérite de leur regard.

MOUKAGNI-IWANGOU

Préface

Il faut savoir gré à Monsieur MOUKAGNI-IWANGOU, la générosité d'offrir à ses collègues un guide pratique de la saisie immobilière que j'ai aujourd'hui le plaisir de leur présenter.

L'ouvrage conçu essentiellement sur des dispositions de l'acte uniforme portant organisation des procédures simplifiées de recouvrement et des voies d'exécution, comporte cinq chapitres. Après une introduction, le premier chapitre expose les principes généraux, le deuxième présente le placement de l'immeuble sous main de justice, tandis que le troisième est consacré à la préparation de la vente, le quatrième à la vente et le cinquième à la distribution du prix de la vente.

L'auteur a fait preuve de beaucoup de finesse et de courage pour être clair dans un domaine qui n'usurpe pas sa réputation d'aridité. Il révèle d'une part que la saisie immobilière est une procédure de type judiciaire, ce qui la différencie des autres procédures d'exécution forcée qui sont davantage des procédures extrajudiciaires, d'autre part que la vente forcée de l'immeuble saisi ne peut être que la dernière issue, laquelle est encadrée par un maximum de formalités protectrices des parties en présence, enfin que la procédure de saisie immobilière est confiée à un juge unique, celui de l'exécution. A elles seules, ces trois composantes rendent accessibles, au lecteur honnête la procédure de saisie immobilière.

Puisse ce guide, si imparfait soit-il, faciliter à ceux qui l'utiliseront l'approche d'une procédure dont l'aridité n'a pas résisté à l'opiniâtreté de Monsieur MOUKAGNI-IWANGOU qui a laissé, à tous ceux qui l'ont connu, en qualité d'auditeur de justice à l'Ecole Nationale de la Magistrature, le souvenir d'un homme, jeune, ayant très tôt, compris qu'il faut apprendre pour savoir, comme peiner pour apprendre, et qu'il n'est point d'autre recette magique pour s'instruire que d'allier à l'indispensable aptitude, assez de patient travail et de réflexion.

Pr. Antoine OLIVEIRA

Agrégé des Facultés de Droit
Président de la Cour Commune
de Justice et d'Arbitrage

Sommaire

(Une table des matières détaillée figure à la fin de l'ouvrage)

Introduction générale

1. La saisie immobilière est une voie d'exécution par laquelle un créancier fait placer sous main de justice, un ou plusieurs immeubles de son débiteur, pour faire ensuite procéder à la vente aux enchères et se faire payer sur le prix[1].

L'article 2204 du code civil emploie l'expression *expropriation forcée* pour définir la saisie immobilière.

L'expropriation forcée des immeubles du débiteur, pour garantir le paiement d'une dette, est une voie d'exécution. Les règles qui organisent cette procédure, autant que toutes celles relatives aux autres voies d'exécution, sont désormais uniformes au sein de l'espace des pays signataires du traité[2] relatif à l'harmonisation en Afrique du droit des affaires.

2. A l'inverse des autres matières, pour lesquelles le législateur communautaire a laissé subsister la codification en vigueur à la condition qu'elle ne soit pas contraire aux nouvelles règles, les voies d'exécution ont donné lieu à une abrogation radicale de toutes les dispositions préexistantes[3].

---

[1] Le silence du droit communautaire à définir la saisie immobilière nous incline à l'emprunter au droit gabonais, en l'occurrence à l'article 765 du code de procédure civile.

[2] Signé à Port Louis le 17 octobre 1993 et révisé à Québec le 17 octobre 2008.

[3] Art 336 AUPOPSRVE : le présent acte uniforme abroge toutes les dispositions relatives aux matières qu'il concerne dans les Etats parties.

3. En tant que voie d'exécution la saisie immobilière relève, quant au régime du contentieux susceptible de s'élever sur l'ordonnancement de sa procédure, de la compétence du juge de l'exécution.

4. L'article 49 de l'acte uniforme portant organisation des procédures simplifiées de recouvrement et des voies d'exécution désigne dans les fonctions de juge de l'exécution, le Président du tribunal, ou tel magistrat délégué par ses soins.

   Cet article porte la marque d'une grande innovation[4]. Sous le régime antérieur, et l'article 598 du code de procédure civile gabonais est exemplaire de cette affirmation, les décisions du juge de l'exécution étaient insusceptibles de recours. Désormais, le droit uniforme offre aux litigants, la possibilité de contester lesdites décisions et ordonnances, par la voie de l'appel, dans les quinze jours de leur prononcé.

5. En matière immobilière, le régime de l'article 49 connaît un tempérament.
   Alors que la règle ouvre l'appel à toute décision du juge de l'exécution, l'article 300 de l'acte uniforme[5] limite l'exercice de cette voie de recours à cinq cas d'ouverture.

---

[4] Jusqu'à l'entrée en vigueur du droit uniforme, les décisions du juge de l'exécution étaient insusceptibles de recours. Toutefois, l'ordonnance du juge de l'exécution rendue en cause de distribution par contribution était susceptible d'appel en droit gabonais, en vertu des dispositions de l'article 844 du code de procédure civile.

[5] ART 300 AUPOPSRVE : les décisions judiciaires rendues en matière immobilière ne sont pas susceptibles d'opposition. Elles ne peuvent être frappées d'appel que lorsqu'elles statuent sur le principe même de la créance ou sur des moyens de fond tirés de l'incapacité d'une des parties, de l'insaisissabilité ou de l'inaliénabilité des biens saisis. Les décisions de la juridiction d'appel ne sont pas susceptibles d'opposition. Les voies de recours sont exercées dans les conditions de droit commun.

Sont ainsi susceptibles d'appel en matière immobilière, les décisions portant sur la créance, l'incapacité des parties, la propriété de l'immeuble, l'insaisissabilité ou l'inaliénabilité des biens saisis.

6. Le régime des voies de recours n'est pas la seule particularité que présente la procédure de saisie immobilière. Elle est conduite par l'accomplissement de formalités enfermées dans des délais rigoureux, dont l'inexécution est sanctionnée, dans certains cas par la déchéance, dans certains autres par la nullité, l'article 297 exigeant dans ce dernier cas que celui qui l'invoque puisse toutefois justifier d'un préjudice.

7. Les développements qui vont suivre se veulent résolument pratiques.

Après un rappel consacré aux principes généraux, qui se situent au fondement de toutes les saisies (Chapitre I), il sera abordé chacune des étapes de la procédure.

Tour à tour, il sera examiné les dispositions relatives au placement de l'immeuble sous main de justice (Chapitre II), à la préparation de la vente (Chapitre III) et à la vente elle-même (Chapitre IV).

8. De manière classique, il est souvent traité des incidents de la saisie immobilière dans le cadre d'une étude intervenant après la vente de l'immeuble, ce qui, à la lecture, donne l'impression que lesdits incidents ne valent qu'au terme de l'adjudication.

Participe à entretenir cette lecture, une fixation qui s'est faite sur l'issue de l'adjudication, à qui il est assigné pour finalité de rechercher par les différentes mises à prix et dans l'intérêt bien compris de toutes les parties, la meilleure économie de la vente, afin de désintéresser au mieux l'ensemble des créanciers et de libérer le débiteur ; finalité qui trouve dans la surenchère[6], dont l'objet permet de revenir sur une première adjudication moins porteuse, l'illustration la plus emblématique de l'incident de la saisie immobilière.

Cette lecture est porteuse d'une part de vérité. Pour atteindre la vérité totale, elle doit être complétée.

Sur ce point, toute démarche visant à clarifier le débat échoue d'abord sur un écueil, celui de l'insuffisance d'encadrement du concept *''des incidents de la saisie immobilière''*.

Le législateur communautaire n'a pas été particulièrement hardi sur ce thème. Après avoir cité les quatre (4) cas d'ouverture[7] à incident, il s'est gardé de toute définition, laissant à l'œuvre prétorienne le soin d'en fixer les contours et d'en préciser les articulations pratiques.

Pour tout dire sur cette question, l'on doit relever que la réserve du législateur communautaire n'est pas sans rapport avec les revirements du droit antérieur, dont il faut rapporter l'évolution à partir de deux séquences, que la doctrine et la jurisprudence s'accordent, pour une fois, à fixer autour de l'arrêt du 21 mai 1954[8].

9. Avant 1954, la position de la Cour de Cassation sur les incidents de la saisie immobilière s'entendait, ou de *''toute*

---

6 Art 287 et suivants AUPOPSRVE

7 Art 302 et svts la pluralité des saisies, Art 308 et svts les demandes en distraction, Art 311 et svts les demandes en annulation, Art 314 et svts la folle enchère

8 Civ 2ème 21 mai 1954, D., 1954.590, S., 1954.1.201, note Béringer ; JCP, 1954, éd. A, 2358, obs. Madray. Voir aussi Alfred Jauffret in manuel de procédure civile et voies d'exécution, LGDJ, 460 page 246 ; voir aussi Ndiaw Diouf op. cit. 543 page 229

demande[9] *née au cours de la procédure de saisie et de nature à exercer une influence sur celle-ci"*, ou alors de *"toutes contestations relatives aux formes de la procédure ou tirées du fond même du droit qui tendent à arrêter ou à suspendre de quelque manière que ce soit le cours de la saisie* [10] ".

Ces approches posées comme principe n'allaient pas sans difficulté.

En dépit du fait que l'option des rédacteurs du code civil a été de ne pas faciliter l'expropriation du débiteur, dont l'immeuble constituait bien souvent l'essentiel du patrimoine, notamment en mettant en place une procédure particulièrement complexe, il reste toutefois qu'ils ont en même temps tenu à tempérer cette rigueur par un souci d'équilibre, en s'assurant d'éviter des manœuvres dilatoires dans la phase d'instruction du procès, par la limitation des voies de recours à quatre cas d'ouverture.

C'est ainsi que dans le cadre de la saisie immobilière, les décisions des premiers juges n'étaient susceptibles d'appel que lorsqu'elles tranchaient[11] sur l'incapacité des parties, la propriété, l'insaisissabilité ou l'inaliénabilité des biens saisis.

La conception extensive[12] au nom de laquelle l'incident s'entendait de toute demande née au cours de la saisie, à la seule condition de rapporter l'influence qu'elle pouvait avoir sur son issue, fondait les plaideurs à élever des contestations portant sur la créance, ou encore sur le caractère exécutoire ou non du titre, lesquelles contestations sont, par principe, éligibles au bénéfice de la règle

---

[9] Req 5 janv 1891, DP, 1891.1.331 ; 9 avr. 1995, DP, 1895.1.320 ; Civ 10 juillet 1900, DP, 1900.1.493.

[10] Req 24 oct 1906, DP, 1907.1.280 ; Civ 8 mai 1950, S., 1951.1.12

[11] Article 731 Code de Procédure Civile

[12] Voies d'exécution et procédures de distribution, 18ème édition, Jean Vincent et Jacques Prévault, Dalloz

du double degré de juridiction, alors même qu'elles ne rentraient pas dans les limites de l'appel en cause de saisie immobilière, neutralisant ainsi par le droit un autre droit pourtant consacré.

Les conséquences regrettables découlant ainsi de cette situation appelaient un correctif.

10. C'est l'arrêt du 21 mai 1954 de la Cour de cassation[13] française qui a offert une voie, abondamment suivie, laquelle a déclaré que "*est incident tout débat qui a pour cause la saisie, s'y réfère directement et doit exercer une influence nécessaire sur sa marche et son issue*" et dont l'expression la plus directive peut être tirée des énonciations de l'arrêt du 10 juillet 1959 de la Chambre civile, en sa deuxième section, qui ont arrêté que "*seules constituent des incidents de saisie immobilière au sens de l'article 718 et 727 du code de procédure civile les contestations qui sont nées de la procédure de saisie et s'y réfèrent directement ; que dès lors n'ont pas ce caractère les contestations portant sur le fond même du droit*".

11. Cette orientation comporte un double mérite.

12. Le premier permet de distinguer les incidents de la saisie immobilière des contestations portant sur le fond du droit, à partir du critère tiré du lien direct devant exister entre l'incident invoqué et la saisie.

En recentrant l'incident avec la saisie de l'immeuble, l'analyse conduit à relever que les incidents peuvent être évoqués à toute hauteur de la procédure, en tout cas à partir du commandement qui matérialise l'appréhension du fonds. C'est le second mérite.

---

[13] Voir n°8 op cit

A la faveur de cette mise au point, la bonne pratique va conduire les parties à soulever les incidents à toute hauteur de la procédure, où ils sont susceptibles d'être évoqués.

13. S'il est désormais acquis des développements précédents que les incidents de saisie peuvent être élevés à toute époque de la procédure, il doit être entendu que leur mise en oeuvre recouvre une subtilité, en fonction du moment de la saisine du juge compétent.

Lorsque l'incident est élevé avant le dépôt du cahier des charges, il est introduit par simple acte d'avocat à avocat ou par assignation contre la partie qui n'a pas constitué avocat. Il est soumis à l'examen du juge de l'exécution qui statue en toute célérité, selon ce que les conditions d'urgence ordonnées à l'article 49 de l'acte uniforme portant organisation des procédures de recouvrement commandent.

Après le dépôt du cahier des charges, les incidents de saisie sont formés par des dires annexés audit cahier des charges et jugés en audience éventuelle, sous les mêmes prescriptions d'urgence.

Dans un cas comme dans l'autre, les décisions rendues sur les incidents ont un caractère contentieux. De ce fait, elles doivent être motivées[14].

14. La sanction des irrégularités des actes de la procédure de saisie immobilière est soumise à un régime[15] particulier qui mérite le regard des juges.

---

[14] Voies d'exécution et procédures de distribution, 18ème édition, Jean Vincent et Jacques Prévaut, page 311, Dalloz

[15] Voir annexe sur le régime des déchéances et nullités dans la procédure de la saisie immobilière aux pages 42, 43 et 44

Sur le principe dégagé par l'article 246 de l'acte uniforme portant organisation des procédures simplifiées de recouvrement et des voies d'exécution, de nature à conférer aux formalités relatives à la saisie immobilière le caractère d'ordre public, l'article 297 de la même norme apporte comme un tempérament, en conditionnant la nullité qui en est le corollaire à la preuve du préjudice ayant résulté de l'irrégularité dénoncée.

15. Pour l'essentiel, les irrégularités de procédure résultent soit de la violation des délais impartis, soit de l'inobservation des mentions prescrites par la loi.

Lorsque l'évolution de la procédure requiert célérité dans l'établissement, le dépôt ou la notification d'un acte, la loi enferme la diligence du litigant dans des délais de rigueur, dont la violation ou l'accomplissement tardif est frappé par la déchéance.

Dans les autres cas, les formalités requises pour les besoins de la procédure doivent être diligentées au moyen des actes portant des mentions dont l'inobservation emporte nullité.

16. Au plan des effets[16], lorsque la nullité encourue est admise, les poursuites sont reprises à partir du dernier acte valable. Dans le cas contraire, la procédure est poursuivie sur ses derniers errements.

17. Au terme de notre étude, il sera traité de la question relative à la distribution du prix de la vente entre les créanciers, celle-ci constituant le prolongement naturel de la procédure de la saisie immobilière (chapitre V).

---

[16] Voir article 311 de l'acte uniforme portant organisation des procédures simplifiées de recouvrement et des voies d'exécution

18. Le souci d'être utile aux praticiens, qui sont les principaux destinataires de cet ouvrage, nous a conduit à suggérer des supports.

Certains d'entre eux sont tirés de la pratique des Cours et Tribunaux. Lorsque l'épreuve de la pratique ne nous a pas permis de disposer d'un acte, notre démonstration a été simplement déduite de l'analyse de la règle de droit.

Chapitre I

Les principes généraux de la saisie immobilière

19. Du fait de son orientation, la présente étude porte sur la saisie dans sa phase d'exécution[17]. Ceci invite à examiner la nature des créances éligibles au bénéfice de la saisie immobilière, les biens susceptibles de saisie immobilière, les personnes pouvant saisir ainsi que celles contre lesquelles on peut saisir.

Section 1. LA CRÉANCE art.247 al 1

20. Le droit commun des saisies exige que la créance poursuivie soit certaine, liquide et exigible, en mettant en relief le péril qui prévaut à son recouvrement. Le droit uniforme a repris certains principes généraux en même temps qu'il a initié certaines spécificités.

21. Alors que les poursuites peuvent être engagées à la faveur d'un titre exécutoire par provision ou pour une créance

---

[17] Paul Gérard POUGOUE et Fidèle TEPPI KOLLOKO distinguent les procédures conservatoires des procédures d'exécution.
Au titre des procédures conservatoires, il s'agit de la saisie conservatoire des créances, de la saisie conservatoire des biens mobiliers corporels, du nantissement conservatoire des valeurs mobilières, du nantissement conservatoire des parts sociales, du nantissement conservatoire du fond de commerce et de l'hypothèque judiciaire conservatoire.
Pour ce qui est des procédures d'exécution, il y a la saisie appréhension, la saisie-vente, la saisie-attribution et la saisie immobilière. in la saisie immobilière dans l'espace OHADA collection Vade Mecum.

non liquidée, la vente forcée de l'immeuble ne peut être poursuivie qu'en vertu d'un titre définitivement exécutoire[18].

La lettre du législateur, sous l'écriture édictée à l'article 247 de l'acte uniforme portant organisation des procédures simplifiées de recouvrement et des voies d'exécution, instille une nuance distinguant le titre exécutoire, le titre exécutoire par provision du titre définitivement exécutoire, toutes choses qui invitent à explorer le domaine de l'article 33 dudit acte uniforme.

Sous section 1. Les décisions juridictionnelles revêtues de la formule exécutoire et celles qui sont exécutoires par provision ou sur minute.

22. La combinaison des critères formel et matériel permet de reconnaître le caractère juridictionnel à toute décision rendue par une juridiction ayant tranché un litige ou consacré un droit, selon une procédure ayant garanti les droits des plaideurs.

23. Toute décision juridictionnelle n'épuise pas un litige, et ce, aussi longtemps que les voies de recours restent ouvertes.

---

18 Article 247 acte uniforme portant organisation des procédures simplifiées de recouvrement et des voies d'exécution
L'article 33 de l'acte uniforme indique ce qui constitue des titres exécutoires au sens du droit uniforme. Il s'agit :
- des décisions juridictionnelles revêtues de la formule exécutoire et celles qui sont exécutoires sur minutes ;
- des actes et décisions juridictionnelles étrangers ainsi que les sentences arbitrales déclarés exécutoires par une décision juridictionnelle, non susceptible de recours suspensif d'exécution, de l'Etat dans lequel ce titre est invoqué ;
- des procès-verbaux de conciliation signés par le juge et les parties ;
- des actes notariés revêtus de la formule exécutoire ;
- des décisions auxquelles la loi nationale de chaque Etat partie attache les effets d'une décision judiciaire.

Le caractère exécutoire confère force de vérité légale à la décision de justice. On parle à cet effet de l'autorité de la chose jugée.

Au plan formel, ce caractère est rapporté par la formule exécutoire insérée au bas de l'expédition de la décision juridictionnelle.

Au plan matériel, la décision juridictionnelle acquiert l'autorité de la chose jugée lorsqu'elle n'est plus susceptible des voies de recours, soit que celles-ci ont été épuisées, soit que les délais pour y recourir sont épuisés.

Dans l'intervalle nécessaire pour acquérir pleine autorité, il est des situations d'urgence qui requièrent l'efficacité de la décision juridictionnelle, selon les cas, pour pourvoir aux nécessités d'une provision ou pour la constitution d'une garantie.

24. Du fait donc de l'urgence, le bénéfice de l'exécution peut être accordé par la loi, ou par la volonté du juge, à une décision juridictionnelle n'ayant pas autorité de la chose jugée, et étant par ce fait, dépourvue de la formule exécutoire. On parle à cet effet d'exécution immédiate.

L'exécution immédiate recouvre deux formes, notamment l'exécution provisoire, et l'exécution sur minute.

Dans le premier cas, la signification est la seule formalité exigée comme condition d'exécution, le tout, nonobstant le caractère suspensif du délai des voies de recours et de leur exercice. C'est l'exécution provisoire.

Dans le second cas, le bénéfice de l'exécution immédiate est accordé sans signification préalable et avant enregistrement, mais sur simple présentation de la minute. C'est l'exécution sur minute.

Sur le mérite de ces développements, il tombe dans le sens que le caractère définitivement exécutoire énoncé à l'article 247 de l'Acte uniforme ne peut être reconnu qu'aux seules décisions ayant acquis autorité de la chose jugée, en raison d'une formule exécutoire apposée au terme de l'examen de toutes les voies de recours, ou selon les cas, sur le bénéfice d'un acte de non opposition, de non appel ou de non pourvoi.

Sous section 2. Les actes et décisions juridictionnels étrangers ainsi que les sentences arbitrales déclarées exécutoires par une décision juridictionnelle non susceptible de recours suspensif d'exécution, de l'Etat dans lequel ce titre est invoqué.

25. Le principe enseigne que les jugements rendus par les tribunaux étrangers et les actes reçus par les officiers étrangers deviennent exécutoires sur le territoire national, à la faveur de l'*exequatur* accordé après contrôle de régularité opéré par le Président du Tribunal. C'est le principe de la reconnaissance.

26. Bien souvent, la reconnaissance des décisions rendues par les Tribunaux étrangers s'opère par application d'une convention d'entraide judiciaire. Les conventions d'entraide judiciaire sont conclues dans un cadre communautaire ou dans un cadre bilatéral.

27. En matière d'entraide judiciaire, la majorité de pays africains sont liés par la Convention de Tananarive, conclue le 12 septembre 1961.

28. Au terme de l'article 30 de la convention de Tananarive, le contrôle de régularité entrepris aux fins de reconnaissance

d'une décision rendue par un Tribunal étranger porte sur cinq conditions notamment :

- la décision émane d'une juridiction compétente selon les règles définies à l'article 38 ;
- la décision a fait application de la loi applicable au litige et en vertu des règles de solution des conflits de loi admises dans l'Etat où l'exécution de la décision est demandée ;
- la décision est d'après la loi de l'Etat où elle a été rendue, passée en force de chose jugée et susceptible d'exécution ;
- les parties ont été régulièrement citées, représentées ou déclarées défaillantes ;
- la décision ne contient rien de contraire à l'ordre public de l'Etat où elle est invoquée, elle n'est pas contraire à une décision judiciaire prononcée dans l'Etat, elle possède à son égard l'autorité de la chose jugée.

Sous section 3. Les procès verbaux de conciliation signés par le juge et les parties

29. La conciliation constitue, à côté de la transaction, de la médiation et de l'arbitrage, un mode alternatif de règlement des conflits. En fonction des domaines d'intervention, elle est conduite par le juge, l'inspecteur du travail, ou toute autre personne qualifiée par la loi ou choisie par les parties.

30. La conciliation est obligatoire dans certains cas, notamment en matière sociale et en matière matrimoniale. elle est sanctionnée par un procès-verbal signé par les parties.

31. Pour faire autorité au sens de l'article 33 de l'acte uniforme portant organisation des procédures simplifiées de recouvrement, le procès verbal doit être contresigné par le juge, lors même qu'il n'en aurait pas conduit la procédure de conciliation.

32. En conférant titre exécutoire au procès verbal de conciliation signé par le juge et par les parties, la loi lui reconnaît l'autorité de la chose jugée, et de manière implicite, infère que copie soit déposée au rang des minutes du greffe.

Sous section 4. Les actes notariés revêtus de la formule exécutoire

33. L'examen de la question évoquée sous cette rubrique commande, pour en saisir la pertinence, de repartir dans le cadre général, en l'occurrence l'administration de la preuve, et parmi tant d'autres, de la preuve parfaite.

34. Le code civil admet principalement cinq modes de preuve, à savoir la preuve littérale, la preuve testimoniale, la preuve par présomption, l'aveu et le serment.

35. Pour emporter la conviction du juge, certaines preuves se suffisent par elles-mêmes, en ce qu'elles sont investies d'une force qui fait autorité.

36. Les actes dressés par un notaire sont qualifiés actes notariés. les actes notariés sont des actes authentiques. La fonction essentielle du notaire est donc l'authentification des actes. Cette authentification s'analyse comme un devoir légal[19].

37. L'acte authentique est un écrit rédigé dans des formes prescrites par la loi, et comportant deux types de mention.

38. Les premières mentions ont une valeur probante absolue. Il s'agit de la date, de la signature et du cachet de l'officier public, des éléments qu'il a personnellement constatés, lesquels font foi jusqu'à inscription de faux.

---

[19] Bonzi Birika Jean Claude, séminaire de formation des formateurs magistrats, module 1 & 2, ERSUMA, du 22 juillet au 9 août 2002 – la saisie immobilière

39. Les secondes mentions ont une valeur relative. Ce sont les éléments que l'officier public n'a pas constatés, et qu'il s'est contenté de transcrire. Ces éléments admettent la preuve contraire.

Sous section 5. Les décisions auxquelles la loi nationale de chaque Etat partie attache les effets d'une décision judiciaire

40. L'administration fiscale, l'administration des douanes, l'administration du trésor, la sécurité sociale sont investies d'une mission de service public en vertu de laquelle elles sont qualifiées à émettre des titres de recettes qui ont un caractère exécutoire. Ce sont des ordres de recettes.

41. Les ordres de recette recouvrent diverses formes dont les plus usuelles sont des arrêtés, des rôles, des avis de mise en recouvrement, des titres de perception.

Section 2. LA CAPACITÉ DES PARTIES Art.464, 1166, 877 Code Civil

42. L'exposé sous cette rubrique se ramène à deux questions essentielles. Qui peut saisir, qui peut être saisi ?

43. A la première question, l'on retiendra que la capacité de saisir appartient à tous les créanciers, et par devers eux, à leurs successeurs[20] et à leurs mandataires[21].

---

[20] Le droit de saisir passe :
- aux successeurs universels, notamment les héritiers, les légataires universels ou à titre universel
- aux légataires, notamment les donataires, les légataires particuliers et les cessionnaires, à la double précaution d'informer le débiteur du changement de personne et de lui signifier le titre donnant droit de poursuite.

[21] Le droit de saisir étant un droit patrimonial, il échoit en vertu des dispositions de l'article 464 du code civil aux mandataires légaux du créancier, que sont les tuteurs pour les mineurs, les curateurs pour les incapables, ou à ses mandataires conventionnels, y compris à ses créanciers dans les conditions déterminées à l'article 1166 du code civil.

Qu'ils soient chirographaires, privilégiés ou hypothécaires, tous les créanciers ont droit et vocation à saisir les immeubles de leurs débiteurs, le droit de préférence ne rompant leur égalité[22] qu'en cause de distribution du prix de la vente.

44. A la deuxième question, il va tout simplement être répondu que tout débiteur peut être saisi.
Pour cause de mort, les successeurs peuvent être poursuivis dans les conditions indiquées à l'article 877 du code civil. A cet effet, il appartient au créancier de signifier aux successeurs les titres exécutoires poursuivis contre le *de cujus*.

45. Pour le principe, seul le débiteur doit être poursuivi. Ce principe admet une exception, en vertu de laquelle des tiers, non débiteurs, supportent la saisie. C'est le cas de l'acquéreur d'un immeuble grevé en droit par une hypothèque.

En effet, quoique non débiteur du créancier hypothécaire, la mise en jeu par ce dernier du droit de suite, en vertu duquel il peut reprendre l'immeuble entre toutes les mains où il serait parvenu, conduit à la dépossession du tiers acquéreur.

Ainsi exposé devant le créancier hypothécaire, ou devant tout autre créancier titulaire d'un privilège, tous nantis du droit de suite, le tiers acquéreur ne peut être dépossédé par un créancier chirographaire, non pourvu du droit de suite.

---

22 Sur ce point voir Ndiaw Diouf in OHADA Recouvrement des créances, Juriscope, Bruylant 2002, 436 page 195 :"…ces créanciers viennent en dernier rang et, de ce fait, ils courent toujours le risque de diligenter une procédure au seul bénéfice des créanciers mieux placés…"

Section 3. LA PROPRIÉTÉ DE L'IMMEUBLE

46. L'immeuble devant faire l'objet des poursuites doit être immatriculé. Cette prescription prévue à l'article 253 de l'acte uniforme renvoie aux dispositions du droit local pour établir la preuve de la propriété.

47. En droit gabonais, l'article 39 de la loi 15/63 du 8 mai 1963 portant régime de la propriété foncière établit que la preuve de la propriété en matière immobilière est rapportée par le titre foncier, délivré par le conservateur de la propriété foncière.

Section 4. L'INSAISISSABILITÉ

48. Le patrimoine du débiteur étant, par application de l'article 2092 du code civil, le gage commun de ses créanciers, tous les biens sont par principe saisissables.

49. Cette règle est atténuée par un régime d'exceptions établies par la loi ou par la volonté des parties. C'est ainsi que les biens nécessaires à la vie et au travail du débiteur sont insaisissables. De la même manière, sont insaisissables, les biens qui ont un caractère personnel, notamment les biens de famille et les pensions alimentaires.

Section 5. L'INALIÉNABILITÉ

50. Les aspects développés au titre de l'insaisissabilité sont valables sous cette rubrique.

Chapitre II

Le placement de l'immeuble sous main de justice

51. Pour parvenir au placement de l'immeuble sous main de justice, de nombreuses formalités sont à observer à partir d'un acte, en l'occurrence, le commandement.

Section 1. Le COMMANDEMENT
Art 254 à 265

52. C'est un exploit d'huissier ou d'agent d'exécution, établi sur l'immeuble, dont le constat peut requérir l'autorisation du juge et l'assistance de la force publique.

53. Le commandement doit, à peine de nullité, contenir des indications portant soit reproduction, soit mention, de certaines formalités.

54. Au titre des formalités accomplies par le créancier poursuivant, et devant être reproduites dans le commandement, il y a, d'une part, le titre exécutoire portant, à la fois, le montant de la dette, les noms, prénoms et adresses du créancier et du débiteur, d'autre part, le pouvoir spécial de saisir donné à l'huissier ou à l'agent d'exécution.
Le titre exécutoire et le pouvoir spécial étant formalisés par des supports distincts, ils peuvent simplement être annexés à l'exploit, qui en fera toutefois mention.

55. Trois mentions devront être portées par l'huissier instrumentaire sur l'*instrumentum* valant commandement.

Il y a d'abord l'avertissement à signifier au débiteur, que faute par lui de payer dans les vingt jours, le commandement pourra être transcrit à la conservation foncière et vaudra saisie à compter de la publication.

Il y a ensuite le numéro du titre foncier et les indications sur la situation précise de l'immeuble faisant l'objet de la poursuite. S'il s'agit d'un immeuble non encore immatriculé, le numéro de la réquisition d'immatriculation, s'il s'agit d'impenses réalisées par le débiteur sur un terrain dont il n'est pas propriétaire mais qui lui a été affecté par décision administrative, sa désignation précise ainsi que la référence de la décision d'affectation.

Il y a enfin la constitution d'avocat chez lequel le créancier poursuivant a élu domicile et où devront être notifiés les actes d'opposition au commandement, les offres réelles et toutes significations relatives à la saisie.

56. Porté à la connaissance du débiteur, pour l'inviter à s'acquitter de sa dette et à libérer l'immeuble des fins de la poursuite, le commandement fait l'objet de publication en cas de défaut de paiement, réalisant par ce fait la saisie de l'immeuble.

57. Le commandement a un caractère spécial[23]. Il contient à la fois le commandement, qui est une sommation de payer qui appelle signification, mais en plus, le procès-verbal de saisie, qui opère effet à compter de la publication.

23 A l'origine le code de procédure civile imposait au créancier ayant signifié un commandement de payer, un délai de 30 jours avant la rédaction du procès-verbal de saisie, ce qui conduisait à des lenteurs et à des fraudes. Le décret-loi du 17 juin 1938 a fusionné les deux formalités en un seul et même acte.

58. De ce qui précède, l'on peut dire que le commandement vaut par sa signification (art 254-3°, 255), et prévaut par sa publication (262, 263). Peu diligent, le créancier perd le bénéfice de la saisie par faute de publication dans les trois mois de la signification, par l'effet de la péremption.

Section 2. LES INCIDENTS DU COMMANDEMENT
Art 254

59. Tout commandement doit être porteur de mentions obligatoires. A tout le moins, il doit être accompagné d'actes établissant l'accomplissement des formalités exigées par la loi.

Par ailleurs, cet exploit est institué pour des destinataires précis, en l'occurrence le débiteur ou le tiers détenteur.

L'inobservation des mentions rappelées supra, et indiquées à l'article 254 de l'acte uniforme expose le commandement à la nullité.

Section 3. LA SIGNIFICATION DU COMMANDEMENT
Art 254-3°, 255

60. Ainsi qu'il a été exposé supra (voir n° 58) la signification du commandement est d'abord une sommation de payer, faite au débiteur de se libérer entre les mains du créancier, dans un délai de vingt (20) jours, sous peine de subir la saisie de son immeuble (art 254-3°).

La même formalité est observée à l'égard de toute personne entre les mains desquelles serait parvenu l'immeuble. Ce sont les tiers détenteurs, à qui la loi offre la possibilité de payer l'intégralité de la dette, et à défaut, de renoncer à leur droit sur l'immeuble par délaissement au greffe ou à subir la procédure de saisie.

Section 4. LES INCIDENTS DE LA SIGNIFICATION DU COMMANDEMENT
Art 261

61. La signification du commandement peut donner lieu à deux incidents. Il s'agit de la radiation et du délaissement de l'immeuble hypothéqué.

62. La signification du commandement au débiteur et la sommation qui en est faite au tiers détenteur de l'immeuble, sont des mises en demeure de payer.

63. Le paiement, documenté selon les règles du droit commun (art 1234 et suivants du code civil), ouvre droit à une action en radiation du commandement (art 261).

64. L'action en radiation du commandement peut être engagée par la partie la plus diligente devant le juge de l'exécution. La radiation est effectuée par le conservateur, et peut être directement obtenue devant lui, sur mainlevée donnée par le créancier poursuivant.

La décision autorisant ou refusant la radiation porte sur le principe de la créance. Par ce fait, elle est susceptible d'appel (art 300).

65. Dans le cas où l'immeuble supporte plusieurs hypothèques, et qu'en outre, il répond des privilèges, le commandement place le débiteur, ou le tiers détenteur, face au seul créancier poursuivant. A l'analyse, il va de leur intérêt de s'acquitter de la seule dette poursuivie. A défaut de paiement, la publication du commandement alerte l'ensemble des créanciers de l'immeuble, avec risque d'extension des saisies à tout son patrimoine.

66. Le second incident de la signification du commandement est le délaissement[24] de l'immeuble.

Le délaissement d'un immeuble s'entend de l'abandon de la possession matérielle de la chose au créancier hypothécaire. Cette faculté est ouverte au tiers détenteur qui n'entend, ni désintéresser le créancier poursuivant, ni subir la procédure de saisie.

Le délaissement par hypothèque se fait au greffe du tribunal de la situation des biens. Il en est donné acte.

Section 5. LA PUBLICATION DU COMMANDEMENT Art 259 à 265

67. Le non paiement de la dette dans les vingt (20) jours de la signification, ouvre au créancier poursuivant droit à transcription du commandement à la Conservation Foncière, en vue de sa publication.

68. Le commandement vaut saisie de l'immeuble à partir de son inscription (art 262). Quant aux effets, le commandement fait courir les intérêts moratoires, entraîne mise sous séquestre de l'immeuble, immobilise les fruits (art 263), et emporte défense d'aliéner ou d'hypothéquer, sauf à consigner une somme suffisante pour acquitter ce qui est dû au créancier poursuivant et aux créanciers inscrits (art 262).

---

[24] Voir art 255al 2 de l'acte uniforme portant organisation des procédures simplifiées de recouvrement et des voies d'exécution.
Sur la procédure l'article 2174 du code civil dispose : sur la pétition du plus diligent des intéressés, il est créé à l'immeuble délaissé un curateur sur lequel la vente de l'immeuble est poursuivie dans les formes prescrites pour les expropriations.

Section 6. LA PÉREMPTION DU COMMANDEMENT
Art 259 al 3

69. La non transcription du commandement dans les trois mois de sa signification entraîne sa péremption. Dans ce cas, le créancier ne peut continuer les poursuites qu'en réitérant le commandement.

Section 7. LES INCIDENTS DE LA PUBLICATION DU COMMANDEMENT
Art 259 al 3, 262 al 4, 263, 264, 265

70. Les incidents nés de la publication du commandement portent sur sa radiation, l'annulation de la saisie par purge des droits réels portant sur l'immeuble, la désignation judiciaire d'un séquestre, la distraction partielle des saisies, la suspension des poursuites, et la pluralité des saisies.

71. Jusqu'à ce niveau de la procédure, les incidents sont formulés par simple acte d'avocat et portés devant le juge de l'exécution.

6.1. Radiation du commandement pour péremption
Art 259 al 3

72. Le débiteur ou le tiers acquéreur, mis en demeure de payer au terme des signification et sommation qui leur sont faites, peuvent demander la radiation du commandement pour cause de péremption, faute de publication dans les trois mois de l'exploit qui leur aura été délaissé.

6.2. L'annulation de la saisie par purge des droits réels
Art 262 al 4

73. Le débiteur ou l'acquéreur peuvent soustraire l'immeuble de la saisie s'ils consignent une somme suffisante pour acquitter en principal, intérêts et frais, ce qui est dû aux

créanciers inscrits ainsi qu'au créancier saisissant. C'est la purge des droits grevant l'immeuble.

6.3. La désignation judiciaire d'un séquestre Art 263

74. Les fruits, qu'ils soient naturels ou industriels perdent leur caractère mobilier et sont considérés comme des immeubles[25]. Ils sont déposés, soit à la caisse des dépôts et consignations, soit entre les mains d'un séquestre judiciaire.

75. Le caractère immeuble des revenus de l'immeuble invite à revisiter la classification des biens.

La distinction des biens meubles et immeubles est la *summa divisio,* c'est à dire la classification fondamentale des biens. Cette distinction est posée par l'article 516 du code civil.

L'article 517 du code civil précise que les biens sont immeubles, ou par leur nature, ou par leur destination, ou par l'objet auquel ils s'appliquent.

Sont immeubles par leur nature, le sol, les plantations, les constructions et les végétaux, tant qu'ils ne sont pas détachés du sol. S'agissant des fruits naturels, notamment les végétaux, il s'agit de tout ce qui est planté au sol, y compris des récoltes, qui ne seront considérées comme meubles, que s'ils sont détachés de leur support pour acquérir une individualité distincte, ou si, du fait d'une convention, les parties décident par anticipation, de considérer leur caractère meuble à venir.

---

[25] Sur ce point voir Ndiaw Diouf op cit. 475 page 209

Par leur destination sont immeubles, les meubles par nature, qui perdent leur caractère mobilier parce qu'ils sont l'accessoire d'un immeuble.

A cet effet, le meuble et l'immeuble doivent avoir le même propriétaire, qui établit un rapport de destination entre eux, c'est à dire affecte le meuble au service de l'immeuble. Ainsi, l'outil apporté par le fermier conserve sa nature de meuble, quoique servant à l'exploitation du fonds du propriétaire.

En revanche, le rapport de destination doit procéder, soit du critère de l'affectation à un fonds, à l'exploitation duquel il est indispensable (le tracteur, les ustensiles aratoires, les animaux de ferme) pour l'exploitation agricole, (les machines) pour une exploitation industrielle, soit du critère d'attache à perpétuelle demeure, caractéristique des objets d'ornementation, scellés physiquement ou faisant l'objet d'aménagement exprès (statues, glaces, split).

Au titre des immeubles par l'objet auquel ils s'appliquent, il y a l'usufruit des choses mobilières, les servitudes ou services fonciers, les actions qui tendent à revendiquer un immeuble, le bail emphytéotique, les actions pétitoires immobilières, les actions hypothécaires, les actions confessoires ou négatoires de servitude et d'usufruit, les actions mixtes immobilières.

76. Si l'immeuble n'est pas loué, le saisi reste en possession des lieux, à titre de séquestre judiciaire. A cet effet, il perçoit les fruits pour le compte des créanciers.

77. Si l'immeuble est loué, les créanciers peuvent faire opposition entre les mains des locataires et fermiers.

78. Dans tous les cas, les créanciers peuvent recourir au Président du tribunal, pour obtenir la désignation d'un séquestre, ou pour trancher toute difficulté pouvant naître de la récolte des fruits. Cette décision n'est pas susceptible d'appel.

6.4. La distraction partielle des saisies
Art 264

79. Lorsque la saisie porte sur plusieurs immeubles, et que la valeur desdits immeubles dépasse notablement le montant de la créance, la loi autorise le débiteur à requérir le juge d'exécution, afin qu'il soit sursis aux poursuites sur un ou plusieurs immeubles.

80. Pour être recevable, le débiteur doit, à l'appui de sa demande, justifier que la valeur des biens sur lesquels les poursuites seront continuées est suffisante pour désintéresser les créanciers poursuivants et inscrits.

81. Avant le dépôt du cahier des charges, la demande en distraction partielle est formée par simple acte d'avocat. Après dépôt du cahier des charges, cette demande est formulée par dires jugés à l'audience éventuelle.

6.5. La suspension des poursuites
Art 265

82. Le débiteur peut obtenir la suspension des poursuites sous deux conditions. Il s'agit d'abord pour lui, de justifier que le revenu net des immeubles sur deux années suffit à payer la dette en capital, frais et intérêts. Ensuite, il lui revient de donner au créancier délégation de percevoir ledit revenu.

83. Cette demande est traitée et examinée dans les mêmes conditions que la précédente.

6.6. La pluralité des saisies
Art 302

84. Si le débiteur est poursuivi devant la même juridiction, par plusieurs créanciers et pour des immeubles différents, il y a une situation de concours de procédures, qui peut être source de lenteurs.

Pour éviter cette difficulté, le législateur a prévu de réunir les différentes poursuites sous la direction d'un seul créancier, selon les modalités déterminées aux articles 302 et 303 de l'acte uniforme, qui donnent initiative de poursuite, soit au premier saisissant, soit au créancier le plus ancien.

Le défaut de diligence du saisissant désigné, matérialisé par tout cas de négligence, de fraude ou de collusion peut entraîner sa subrogation.

La subrogation est prononcée, à la requête du créancier le plus diligent, déposée huit jours (art 305 al 3) après sommation faite au saisissant désigné pour continuer les poursuites.

Chapitre III

La préparation de la vente

85. La vente est préparée par l'accomplissement de deux types de formalités. Les premières sont destinées à fixer les conditions et modalités de la vente. C'est l'objet de l'établissement du cahier des charges. Les deuxièmes ont vocation à attirer les créanciers inscrits et les acquéreurs éventuels pour que la vente se réalise au meilleur prix. C'est la finalité poursuivie par les formalités de publicité.

A cet effet, il appartient au créancier poursuivant, par ministère d'avocat, de rédiger et de déposer le cahier des charges, de donner sommation d'en prendre connaissance à tout intéressé afin qu'il fasse valoir les dires et observations, lesquels seront examinés à l'audience éventuelle.

Après l'accomplissement de toutes ces formalités, et s'il y a lieu, règlement de tous les incidents soulevés, il s'agira de procéder à la publicité en vue de la vente.

Section 1. LA RÉDACTION ET LE DEPÔT DU CAHIER DES CHARGES Art 266 à 268

86. Sous la signature de l'avocat poursuivant, un cahier des charges précisant les conditions de la vente est déposé au greffe de la juridiction dans le ressort duquel se trouve l'immeuble.

87. Le dépôt du cahier des charges porte intérêt à plusieurs égards.

Sous peine de déchéance, il doit être effectué dans les cinquante jours de la publication du commandement.

A partir du dépôt, courent deux délais. Le premier, qui est de huit jours, est imparti à la signification des sommations. Le second, quarante jours au moins et quatre vingt dix jours au plus tard, pour procéder à la vente.

88. Les mentions du cahier des charges font l'objet de l'attention particulière des juges, le défaut portant sur chacune d'elle pouvant, sous la réserve apportée par l'article 297, emporter la nullité du cahier des charges.

Section 2. LA SOMMATION DE PRENDRE COMMUNICATION DU CAHIER DES CHARGES Art 269 à 271

89. Dans les huit jours du dépôt du cahier des charges, le créancier poursuivant doit signifier des sommations de prendre communication.

90. Ces sommations sont faites au débiteur saisi, aux créanciers inscrits, au vendeur antérieur non payé, avec, pour ce dernier, indication expresse à signifier que faute par lui d'exercer son action en résolution jusqu'au cinquième jour précédent l'audience éventuelle, il en sera déchu.

91. Les sommations fournissent les indications sur le jour de l'audience éventuelle, qui ne peut avoir lieu moins de trente jours après la dernière sommation, et celui de l'adjudication, qui doit avoir lieu entre le trentième et le soixantième jour après l'audience éventuelle.

Section 3. LES INCIDENTS CONSÉCUTIFS AU DÉPÔT DU CAHIER DES CHARGES Art 266 al 2, 267, 268, 269, 270

92. Les incidents consécutifs au dépôt du cahier des charges sont formulés par des dires, annexés au cahier des charges, et jugés en la forme contradictoire à l'audience éventuelle.

93. Les dires sont reçus jusqu'au cinquième jour précédent l'audience éventuelle.

94. Les dires peuvent porter sur la déchéance du droit de dépôt du cahier des charges pour cause de forclusion, la nullité du cahier des charges, la nullité de la sommation, la folle enchère, mais aussi la distraction des saisies ou la suspension des poursuites, ainsi qu'il a été développé supra (voir n°46 et 47).

95. Si les dires sont admis, la procédure est reprise à partir du dernier acte valable. S'ils sont rejetés, la procédure est reprise sur ses derniers errements (art 311).

3.1. La déchéance du droit de dépôt du cahier des charges Art 266 al 2

96. A compter de la publication du commandement, le créancier poursuivant dispose d'un délai de cinquante jours pour rédiger et déposer le cahier des charges.

97. Passé ce délai, il perd le bénéfice du commandement, par conséquent celui de la saisie. Dans ces conditions, il ne peut envisager le dépôt du cahier des charges qu'en réitérant la publication du commandement.

98. La forclusion encourue du fait de la déchéance du dépôt du cahier des charges reconduit l'ensemble des délais qui

courent pour compter de la publication du commandement.

3.2. La nullité du cahier des charges
Art 267

99. Le respect de chacune des mentions du cahier est prescrit à peine de nullité.

100. Lesdites mentions portent sur :

- l'intitulé de l'acte ;
- les énonciations relatives au titre exécutoire objet des poursuites, au commandement avec la mention de sa publication ;
- la juridiction ou le notaire devant lequel l'adjudication sera poursuivie ;
- le lieu où l'audience éventuelle sera tenue ;
- les nom, prénom, profession, date de naissance et domicile du créancier poursuivant ;
- les nom, qualité et adresse de l'avocat poursuivant ;
- la désignation de l'immeuble saisi contenue dans le commandement ou le procès verbal de description ;
- les conditions de la vente, notamment les droits et obligations des vendeurs et adjudicataires, le rappel des frais de poursuite et toutes conditions particulières ;
- le lotissement s'il y a lieu ;
- la mise à prix, qui ne peut être inférieure au quart de la valeur vénale de l'immeuble.

  Au cahier des charges sont annexés les droits réels inscrits sur l'immeuble délivré par la conservation à la date du commandement.

101. La nullité du cahier des charges emporte reprise du dépôt et des sommations de prendre connaissance.

3.3. La nullité de la sommation
Art 269 et 270

102. Le moyen tiré de la nullité de la sommation offre une alternative. Dans un premier temps, la nullité peut être évoquée parce que la sommation n'a pas été signifiée à la personne du saisi, ou à domicile élu des créanciers inscrits (art 269). Dans un second temps, il peut être excipé de cette nullité pour violation des mentions prescrites à l'article 270 de l'acte uniforme.

103. La nullité de la sommation emporte reprise de cette formalité, ainsi que la prorogation des délais relatifs à la tenue de l'audience éventuelle et de l'adjudication.

3.4. La folle enchère art 314 à 323

104. Lorsque dans les vingt jours d'une vente antérieure, l'adjudicataire n'a pas payé le prix de la vente, les frais de saisie, ou lorsque, dans les deux mois de ladite vente, il n'a pas fait publier la décision judiciaire ou le procès verbal notarié y relatif à la conservation foncière, la première adjudication est annulée. Une nouvelle vente doit être engagée. Il y a folle enchère.

105. La folle enchère se poursuit après une nouvelle publicité, sur l'ancien cahier des charges.

106. L'adjudicataire indélicat est fol enchérisseur. Il supporte les frais de la nouvelle vente.

107. Le fol enchérisseur peut éviter une seconde vente. A cet effet, il doit consigner le prix de l'adjudication, ainsi que les frais de la procédure de folle enchère fixée par le Président de la juridiction compétente.

3.5. La résolution de la vente
Art 271 AUPOPSRVE, 1184 code civil

108. En vertu de la clause résolutoire, toujours implicite dans les conventions synallagmatiques, le vendeur d'immeuble non payé dispose du droit de poursuivre la résolution de la vente.

109. Admise, la résolution de la vente produit distraction de l'immeuble des fins de la saisie. Dans ces conditions il est mis fin aux poursuites.

3.6. La distraction des saisies et la suspension des poursuites

110. Voir les rubriques 79, 80 et 81.

Section 4. L'AUDIENCE ÉVENTUELLE
Art 270 al 1, 272 à 275

111. L'audience éventuelle se tient, au plus tôt, trente jours après la dernière sommation (art 270 al1). C'est la première audience utile.

112. Il faut l'entendre ainsi, d'abord parce qu'elle est fixée d'avance, aussi bien dans le cahier des charges (art 267 al 4) que dans la sommation (art 270 al 1) faite, aussi bien au débiteur saisi, aux créanciers inscrits qu'au vendeur non payé.

113. Elle l'est d'autant mieux qu'elle peut être remise, soit pour cause grave, soit pour contrôle du cahier des charges (art 273), soit pour modification du montant de la mise à prix (art 275 al 2).

114. Plus encore, la première audience utile peut être remise jusqu'à droit connu sur l'issue d'une demande en résolution ou d'une poursuite en folle enchère (art 271).

En effet, si l'immeuble supportant les poursuites a fait l'objet d'une première vente, au sortir de laquelle, le vendeur antérieur n'a pas été payé, la loi ouvre à ce dernier le droit d'engager une action en résolution de ladite vente. L'action en résolution commande au juge d'exécution, chargé de conduire la vente forcée, d'ordonner la remise de l'audience éventuelle, jusqu'à ce qu'il soit statué sur la demande en résolution.

De la même manière, le défaut de publication à la conservation foncière, le défaut de versement du prix ou des frais de saisie de la première vente peuvent ouvrir sur une action en folle enchère. Mise en mouvement, une telle action conduit à la remise de l'audience éventuelle.

115. A l'audience éventuelle, il est procédé au contrôle de la régularité des conditions de préparation de la vente.

116. A l'initiative des parties, ce contrôle porte sur l'examen des dires et observations. Les dires et observations sont jugées séance tenante, après échange des conclusions.

117. A l'initiative de la juridiction compétente, et d'office, le contrôle de régularité porte sur le cahier des charges.

118. L'exercice du contrôle d'office, qui confère à la juridiction compétente des prérogatives propres, notamment les pouvoirs de distraction, de modification de la mise à prix (art 275), incline à penser que l'audience éventuelle peut se tenir, y compris en l'absence de dires et observations.

Dans une espèce du Tribunal régional de Dakar, relative à la vente poursuivie par les époux Niang contre les immeubles de la société générale des banques du Sénégal, qui avait consigné des fonds au greffe pour acquitter ce qui était dû au créancier, le juge, de sa propre initiative, a ordonné le recours à une audience éventuelle à l'effet de régler cet incident, alors même qu'aucun dire n'avait été déposé.

119. La tenue de l'audience éventuelle, même en l'absence de dires et observations, est une mesure chargée de prudence, dont le mérite est de pourvoir à la protection des intérêts du débiteur et des créanciers.

120. Intérêts divergents s'il en est, seul le juge peut veiller à ce que, l'adjudication à venir, par les différentes mises à prix, permette de réaliser une bonne vente, suffisante pour désintéresser au mieux l'ensemble des créanciers et pour libérer définitivement le débiteur.

121. A l'évidence, l'audience éventuelle, quoique notablement alimentée par les dires et observations, peut, en raison du caractère d'ordre public que revêt la matière, se tenir en l'absence de dires si l'intérêt des parties le commande.

A ce propos les réformes préconisées en la matière parlent de plus en plus de l'audience d'orientation, à l'occasion de laquelle il sera discuté de la validité des poursuites, de la taxation des frais, des modalités de la vente, des contestations et incidents.

122. Au cours de l'audience éventuelle, la juridiction peut d'office, ordonner, si nécessaire après consultation d'un expert, la distraction de certains biens saisis si leur valeur est disproportionnée avec le montant des créances à récupérer.

La distraction ordonnée d'office par la juridiction compétente, pour disproportion des saisies, participe à la protection du patrimoine du débiteur.

123. L'audience éventuelle peut être remise. De ce fait, des renvois utiles peuvent être ordonnés, notamment pour conduire une mesure d'instruction (art 272 al 2), pour une cause grave dûment justifiée, pour le contrôle du cahier des charges, pour la modification de la mise à prix (art 275-2°), ou simplement pour plus ample délibérer.

La modification de la mise à prix, qui ne peut être inférieure au quart de la valeur vénale de l'immeuble, protège les intérêts des créanciers, en ce qu'elle permet de réaliser une bonne économie de la vente, nécessaire à la fois, pour garantir le paiement de leurs droits, et pour libérer le débiteur.

124. La décision judiciaire sanctionnant l'audience éventuelle est transcrite sur le cahier des charges. Elle est levée et signifiée à la demande de la partie la plus diligente.

Section 5. LA PUBLICITÉ EN VUE DE LA VENTE Art 276 à 279

125. La publicité en vue de la vente est assurée par l'avocat poursuivant, trente jours au plus tôt et quinze jours au plus tard avant la vente.

126. La publicité se fait par insertion des extraits du cahier des charges dans un journal d'annonces légales, ainsi que par apposition de placards.

127. Les délais de publicité peuvent être restreints ou allongés par décision de la juridiction compétente, rendue sur requête.

Section 6. LES INCIDENTS DE LA PUBLICITÉ
Art 277

128. Sauf dispositions plus restreintes ou plus larges (art 279) autorisées par décision du Président du Tribunal, l'extrait du cahier doit comporter quatre mentions obligatoires portant sur :

- les noms, prénoms, professions, domiciles ou demeures des parties et de leurs avocats ;
- la désignation des immeubles saisis telle qu'elle est insérée dans le cahier des charges ;
- la mise à prix ;
- l'indication des jour, lieu et heure de l'adjudication, de la juridiction compétente ou du notaire convenu devant qui elle se fera.

129. A la demande de la partie la plus diligente, formulée par dires annexés au cahier des charges, l'inobservation des mentions obligatoires peut être sanctionnée par la nullité de l'extrait.

130. Les dires formulés contre l'extrait du cahier des charges sont jugés en la forme contradictoire à l'audience éventuelle. Postule de cette affirmation, le fait pour le législateur communautaire d'avoir permis à l'article 278 de l'Acte uniforme dont s'agit, l'administration de la preuve de l'insertion.

Ainsi donc l'avocat poursuivant peut justifier de l'insertion par un exemplaire du journal, signé de l'imprimeur, et de l'affichage des placards, par un procès-verbal de l'huissier ou de l'agent d'exécution rédigé sur un exemplaire du placard.

Chapitre IV

La vente de l'immeuble

131. La vente de l'immeuble est fixée dans le temps. Elle s'opère à l'initiative expresse du créancier poursuivant. Elle aboutit à un jugement soumis à publication.

La vente peut être remise pour causes graves et légitimes (art 281) ou à la demande de l'adjudicataire, pour obtenir un prix plus élevé (art 283).

Au titre des causes graves et légitimes, seront recevables les demandes de remise motivées par :

- le décès du débiteur, dont il faudra appeler l'héritier dans les conditions indiquées à l'article 877 du code civil ;
- la mise en redressement du débiteur du fait de la suspension légale des poursuites prévue y compris à l'égard des voies d'exécution à l'article 75 de l'acte uniforme relatif aux procédures collectives ;
- l'exercice de l'action résolutoire par le vendeur impayé dont les effets sont prévus à l'article 1184 du code civil;
- les offres réelles avec consignation faites par le débiteur, ainsi qu'il est prévu à l'article 265 de l'acte uniforme portant organisation des procédures simplifiées recouvrement et des voies d'exécution.

Section 1. LA DATE ET LE LIEU DE LA VENTE Art 280 à 282

132. La date de la vente est indiquée dans les sommations délivrées à l'occasion du dépôt du cahier des charges. Elle se situe entre le trentième jour et le soixantième jour qui suivent le dépôt du cahier des charges (art 270-2°).

133. La vente peut être remise par décision motivée, sur requête déposée cinq jours avant la vente. La nouvelle date est fixée, entre le trentième et le soixantième jour qui suivent l'audience éventuelle.

Section 2. L'INITIATIVE DE LA VENTE Art 280

134. La vente de l'immeuble s'opère à la suite d'une réquisition, même verbale, faite par le poursuivant ou par tout créancier inscrit.

La réquisition exigée à l'article 280 de l'acte uniforme emporte une double incidence.

Elle établit d'abord qu'aucune transaction, qu'aucune offre libératoire, en tout cas, qu'aucun règlement amiable toujours ouvert au bénéfice du saisi n'est intervenu avant l'audience d'adjudication.

Elle place ensuite le créancier poursuivant, faute d'enchérisseur, dans la position d'être déclaré adjudicataire de l'immeuble, et à ce titre, redevable des frais de poursuite, dont le non paiement ouvre à la folle enchère ou à la résolution de la vente.

135. A cet effet, une ordonnance du président de la juridiction compétente fixe le montant des frais de poursuite.

136. Huit jours avant l'adjudication, des dires peuvent être déposés pour toute cause survenue ou pour tout acte révélé après l'audience éventuelle (art 299).

137. Ces dires sont jugés au cours de l'audience d'adjudication, par décision distincte[26] de celle sanctionnant la vente.

Section 3. LES ENCHÈRES ET LA DÉCISION D'ADJUDICATION Art 282 à 285

138. Les enchères sont des offres successives et de plus en plus élevées présentées par des personnes désirant acquérir l'immeuble. Ce sont les enchérisseurs.

139. L'enchérisseur qui fait l'offre la plus élevée est déclaré adjudicataire.

140. L'audience d'adjudication, encore appelée *audience des criées,* se déroule selon un rituel précis. Trois bougies sont apprêtées avant l'audience.

141. Aussitôt les enchères ouvertes, avec l'annonce de la mise à prix, les trois bougies sont allumées et éteintes successivement.

142. S'il survient une enchère, celle-ci ne devient définitive que s'il n'en survient pas une nouvelle avant l'extinction de la troisième bougie.

143. S'il ne survient pas d'enchère, le poursuivant est déclaré adjudicataire pour la mise à prix.

144. Toute personne peut enchérir, par elle-même ou par ministère d'avocat.

---

[26] Voir Ndiaw Diouf, op cit. 524 page 223

145. L'adjudication est prononcée par décision judiciaire ou par procès-verbal du notaire, au profit du dernier enchérisseur, ou, faute d'enchérisseur, au poursuivant pour le montant de la mise à prix.

146. L'avocat dernier enchérisseur est tenu, dans les trois jours de l'adjudication, de faire connaître le nom de l'adjudicataire et de fournir son acceptation. Ce dernier dispose d'un délai de vingt quatre heures, pour révéler le nom du véritable acquéreur. C'est la déclaration de command.

147. La décision d'adjudication n'est pas susceptible de recours.

Section 4. LES FORMALITÉS POSTÉRIEURES AU JUGEMENT

148. Le jugement d'adjudication ouvre sur deux types de formalités. Les unes sont relatives aux diligences attachées à l'accomplissement de la vente, les autres sont relatives à la publication de la décision judiciaire.

Section 5. LES FORMALITÉS ATTACHÉES À L'ACCOMPLISSEMENT DE LA VENTE

149. L'adjudicataire est tenu, dans les vingt (20) jours de l'adjudication, de satisfaire à toutes les conditions stipulées dans le cahier des charges.

150. A ce titre il est particulièrement tenu de payer le prix de la vente et les frais de poursuite.

151. Les frais de poursuites sont de deux natures. Il y a d'une part les frais ordinaires, et d'autre part les frais extraordinaires.

152. Les frais de poursuite sont payés par privilège, en sus du prix.

153. Les frais extraordinaires peuvent être prélevés sur le prix de la vente. Dans ces conditions, ce sont des créances de la masse, auxquels il est accordé priorité[27].

154. L'inexécution par l'adjudicataire des obligations nées de la vente s'expose à des poursuites par la voie de la folle enchère (art 290 al 5).

Section 6. LES FORMALITÉS LIÉES À LA PUBLICATION DU JUGEMENT

155. Dans les deux mois de la vente, et à peine de folle enchère, le jugement doit être déposé à la Conservation Foncière, aux fins d'inscription (art 294).

156. Au terme de cette publication, le conservateur procède à la radiation des hypothèques et privilèges inscrits sur l'immeuble. Ainsi, la publication du jugement d'adjudication purge toutes les hypothèques, même celles qui ont été inscrites postérieurement à la délivrance des états d'inscription (art 294 al 3).

Section 7. LES INCIDENTS DE LA VENTE

157. La vente d'un immeuble peut être attaquée par la voie de l'annulation, de la surenchère ou de la folle enchère.

7.1. La nullité de la vente

158. Le vendeur antérieur de l'immeuble, non payé, dispose d'une action en résolution[28] de ladite vente. Cette action

---

[27] Voir Yves Guyon, in droit des affaires, tome 2, Economica 1246 et 1247 pages 286 et 287, Historique : dettes dans la masse et dette de la masse. Fondement du droit de priorité.

[28] L'action en résolution de la vente réservée au vendeur antérieur, pour cause de non paiement, révèle toute l'ambiguïté dont sont porteuses les dispositions de l'article 292 de l'acte uniforme portant organisation des procédures simplifiées de recouvrement et des voies d'exécution.

peut être exercée jusqu'au cinquième jour précédent l'audience éventuelle.

7.2. La surenchère. Art 287

159. Lorsque les enchères n'ont pas permis de réaliser une bonne économie de la vente, la loi accorde à toute personne de remettre en cause la première adjudication, en s'obligeant à acquérir elle-même l'immeuble pour ce montant s'il n'est pas porté d'enchères. C'est la surenchère.

160. Pour être recevable, l'action doit être présentée dans un délai de dix jours suivant l'adjudication, et porter sur une offre supérieure au dixième du prix de la vente antérieure. De manière traditionnelle, on parle de la surenchère du dixième.

161. Le surenchérisseur est tenu de dénoncer la surenchère à l'adjudicataire, au poursuivant et au débiteur.

162. La surenchère ne peut être rétractée. Toutefois, elle peut être contestée par conclusions déposées par le saisi, le créancier poursuivant ou les créanciers inscrits, cinq jours avant l'audience éventuelle, qui ne peut se tenir dans un délai inférieur à vingt jours après la dénonciation.

7.3. La folle enchère. Art 314

163. Voir les développements sous les rubriques 109 et suivants.

En disposant que les frais ordinaires de poursuites sont payés par privilège, mais en dehors des deniers rapportés par la vente, le législateur communautaire a créé une insécurité manifeste, qui vide toute sa substance à ce qui doit être un privilège de premier rang, dont la seule garantie de paiement est d'annuler la vente si l'adjudicataire ne consent pas à l'effort supplémentaire pour désintéresser le vendeur.

Chapitre V

La distribution du prix de la vente de l'immeuble

164. La vente de l'immeuble s'achève par la distribution du prix aux créanciers.

165. Sous le régime antérieur, deux procédures avaient cours. Lorsque l'immeuble supportait des hypothèques ou était grevé de privilèges, les deniers issus de la vente étaient distribués selon la procédure d'ordre[29].

A l'opposé, lorsque la vente ne procédait pas de la réalisation d'une hypothèque, la répartition des deniers s'effectuait par la procédure de distribution par contribution[30].

---

[29] Les créanciers étaient classés par ordre suivant la cause du privilège ou la date d'inscription de l'hypothèque.

Dans un premier temps, la loi accordait aux créanciers de s'entendre sur un ordre consensuel, faute de quoi il fallait recourir, soit à l'amiable, soit à l'ordre judiciaire, soit à l'ordre à l'audience.

L'ordre amiable, consigné sur procès-verbal appelé règlement d'ordre amiable, était recherché et constaté par le juge aux ordres. En cas d'échec, l'on avait recours à un ordre judiciaire, qui s'ouvrait sur ordonnance du juge aux ordres. Lorsque le nombre de créanciers était inférieur à quatre, l'échec de tentative d'ordre amiable renvoyait directement devant le tribunal de la situation de l'immeuble, pour parvenir à l'ordre à l'audience.

[30] La procédure de distribution par contribution était utilisée dans deux hypothèses. lorsque la vente n'était pas consécutive à la réalisation d'une hypothèque et lorsque les sommes à distribuer étaient insuffisantes pour désintéresser l'ensemble des créanciers.

Ainsi, chaque créancier ne recevait pas la totalité de sa créance mais une part proportionnelle. Il touchait *au marc le franc*, et contribuait à la perte.

166. Le droit uniforme a simplifié la procédure en adoptant un régime unique, qui a un caractère mixte, en ce qu'il emprunte à la fois à la procédure d'ordre et à la procédure de distribution par contribution.

167. Que la réalisation de l'immeuble procède d'une vente amiable, de la liquidation d'une indivision, de la liquidation d'une communauté entre époux ou de la liquidation d'une société commerciale, le législateur communautaire a organisé la procédure de distribution sur l'hypothèse de la vente forcée judiciaire, d'où il suit qu'elle constitue le droit commun[31].

168. Selon les cas, le prix de la vente est à distribuer, soit à un créancier unique, soit à une pluralité de créanciers, avec une appréhension particulière relative à l'hypothèse liée à l'insuffisance des deniers issus de l'adjudication.

Section 1. LE CRÉANCIER UNIQUE
Art 324

169. S'il n'y a qu'un créancier, le produit de la vente lui est remis à concurrence du montant de sa créance, évaluée en principal, intérêts et frais, dans les quinze jours du versement du prix.

170. Si la vente permet, après déduction faite de la créance, de dégager un solde, celui-ci est remis au débiteur.

A l'inverse, si la vente ne permet pas de remplir le créancier de l'ensemble de ses droits, les sommes dues produisent intérêt au taux légal, au terme des quinze jours

Deux procédures de distribution par contribution, notamment la contribution amiable et la contribution judiciaire. Alors que la contribution amiable ne nécessitait pas l'intervention du juge, la contribution judiciaire s'ouvrait devant le tribunal.

[31] Sur ce point voir Joseph Issa Sayegh in OHADA Sûretés Juriscope, Bruylant 2002, 586 page 241

du versement du prix, dans les conditions qui seront précisées infra.

Section 2. LA PLURALITÉ DES CRÉANCIERS Art 325

171. Lorsqu'il y a plusieurs créanciers, la loi offre à ces derniers la possibilité de trouver un accord permettant de procéder à une répartition consensuelle[32]. Dans le cas contraire, il est procédé à une répartition judiciaire.

Sous-section 1. L'accord des créanciers et la répartition consensuelle art 325 et 326

172. En cas d'accord, il importe de préciser la forme que celui-ci peut revêtir, ainsi que sa nature juridique.

a. Les formes de l'accord art 325 al 2

173. Lorsque les créanciers sont parvenus à un accord sur la distribution des deniers de la vente de l'immeuble, ils doivent en consigner les termes dans une convention passée en la forme authentique ou sous seing privé.

174. La convention est déposée au greffe de la juridiction ou auprès de l'auxiliaire de justice qui a reçu les fonds.

175. Sous la foi de cette convention, le règlement des créanciers doit être effectué dans les quinze jours de la réception de l'accord. Dans le même délai, le solde est remis au débiteur.

---

32 Pour la clarté des débats, il est essentiel de distinguer l'ordre consensuel de l'ordre amiable. L'ordre consensuel est une entente entre les divers créanciers, qui en formalisent l'accord par une convention sous seing privé ou par acte authentique. L'ordre amiable est un accord entre les créanciers, recherché et obtenu par le juge aux ordres. C'était un préliminaire de la procédure judiciaire sous l'empire du droit antérieur.

176. Les sommes dues produisent intérêt au taux légal, au terme des quinze jours du versement du prix.

b. Nature de l'accord art 326

177. L'accord des créanciers, prélude à la répartition consensuelle, doit être unanime. Autrement dit, tout désaccord, même procédant d'une position minoritaire en nombre ou en créance, ouvre à la recherche d'une répartition par voie judiciaire à la requête de la partie la plus diligente.

Sous-section 2. Le défaut d'accord des créanciers et la répartition judiciaire art 326 à 334

178. Faute par les créanciers de parvenir à un accord unanime dans le mois du versement du prix, il est procédé à une répartition judiciaire, à la requête du créancier le plus diligent.

179. L'acte de saisine du tribunal indique la date de l'audience. Le même acte fait sommation aux créanciers de produire[33].

180. Dans les vingt jours de la sommation les créanciers effectuent leur production au greffe de la juridiction compétente.

181. Des dires dûment communiqués aux autres parties peuvent être déposés au plus tard jusqu'au cinquième jour précédant l'audience.

182. L'expiration de ce délai emporte de plein droit déchéance contre les créanciers non produisant.

183. Le saisi reçoit signification de l'acte de saisine.

---

33 Produire leur créance et indiquer leur rang

184. L'audience de répartition ne peut avoir lieu moins de quarante jours après la dernière signification. Cette audience peut être reportée par décision non susceptible d'appel.

Section 3. L'ORDRE DE DISTRIBUTION

185. Ainsi qu'il a été développé supra[34], la répartition des deniers de la vente devant le juge, emprunte à la fois à la procédure d'ordre et à la distribution par contribution[35], en ce qu'elle établit une préférence dans le traitement des sûretés, sans exclure les autres catégories de créance.

Que l'immeuble soit particulièrement affecté à la créance, ou que sa vente procède de la liquidation des biens du débiteur, le classement des créanciers est opéré selon la procédure de la réalisation des hypothèques[36].

C'est ainsi que lorsque l'immeuble est vendu en garantie d'une sûreté, on dit que celui-ci appartient à un débiteur *in bonis*[37], alors que dans le cas contraire, il s'agit d'un débiteur en cessation de paiement.

Sous-section 1. Le débiteur in bonis art 148 AUS

La répartition des deniers de la vente s'effectue dans l'ordre suivant :

1° les frais engagés pour la réalisation du bien vendu et la distribution du prix ;

---

[34] Voir rubrique 113

[35] Sur ce point voir Joseph Issa Sayegh in OHADA Sûretés Juriscope, Bruylant 2002, 586 page 241

[36] Voir rubrique 114

[37] Voir Joseph Issa Sayegh in OHADA Sûretés Juriscope, Bruylant 2002, 596 page 244

2° les créances de salaires super privilégiés ;

3° les créanciers hypothécaires selon le rang d'inscription ;

4° les créanciers munis d'un privilège général soumis à publicité chacun selon son rang d'inscription au RCCM ;

5° les créanciers munis d'un privilège général non soumis à publicité dans l'ordre établi par l'article 107 :

1. frais d'inhumation ;
2. les fournitures de subsistance ;
3. les sommes dues aux travailleurs et apprentis ;
4. les droits d'auteur ;
5. les créances fiscales, douanières et Sécurité Sociale non soumises à publicité.

6° les créanciers chirographaires munis d'un titre exécutoire saisissants ou opposants.

Sous-section 2. Le débiteur en cessation de paiement. Art 166 AUPC

Dans le présent cas de figure, la répartition des deniers issus de la vente s'opère dans l'ordre suivant :

1° les frais engagés pour la réalisation du bien vendu et la distribution du prix

2° les créances de salaires super privilégiés

3° les créanciers hypothécaires selon le rang d'inscription

4° les créanciers contre la masse

5° les créanciers munis d'un privilège général soumis à publicité chacun selon son rang d'inscription au RCCM

6° les créanciers munis d'un privilège général non soumis à publicité dans l'ordre établi par l'article 107 :

1. frais d'inhumation
2. les fournitures de subsistance
3. les sommes dues aux travailleurs et apprentis
4. les droits d'auteur
5. les créances fiscales, douanières et Sécurité Sociale non soumises à publicité

7° les créanciers chirographaires munis d'un titre exécutoire saisissants ou opposants.

Section 4. L'INSUFFISANCE DES DENIERS

186. L'adjudication peut aboutir sur une situation d'insuffisance de deniers nécessaires pour désintéresser les créanciers inscrits. L'intérêt de ce débat réside particulièrement dans la situation de concours dans laquelle peuvent se retrouver les créanciers dans l'ordre de distribution.

187. A cet effet, l'on procède à un traitement qui distingue les créanciers, selon qu'ils viennent en rang égal ou en ordre préférentiel dans la distribution.

188. S'agissant du classement, les créanciers d'un rang supérieur sont payés, au besoin intégralement, avant que ceux du rang inférieur ne participent à la distribution.

189. Lorsque au sein d'une catégorie, les créanciers viennent à la distribution à rang égal[38], et qu'il résulte une insuffisance de deniers, ils sont colloqués au marc le franc, selon la procédure de distribution par contribution.

---

[38] Il va ainsi :

a. pour le débiteur *in bonis,* des créanciers de rang 1(frais de justice), 2 (salaires), 5 (privilège général non soumis à publicité), 6 (chirographaires).

b. Pour le débiteur en cessation de paiement, des créanciers de rang 1(frais de justice), 2 (salaires), 4 (la masse), 5 (privilège général non soumis à publicité), 6 (chirographaires)

190. En revanche, lorsque au sein d'une catégorie, les créanciers sont nantis de sûretés soumises à publicité[39], le rang de leur inscription établi l'ordre de paiement.

191. Très important est le principe dégagé à l'article 168 de l'acte uniforme portant organisation des procédures collectives d'apurement du passif, qui énonce en substance que lorsque le prix de la vente d'un bien spécialement affecté à une sûreté est insuffisant pour désintéresser la créance garantie, le créancier titulaire de la garantie est traité, pour le reliquat comme un créancier chirographaire.

192. Si le créancier entend continuer à contraindre le débiteur sur ses biens, il lui reviendra alors de le poursuivre sur ses meubles, ainsi qu'il est énoncé à l'article 28 alinéa 2 de l'acte uniforme portant organisation des procédures simplifiées de recouvrement et des voies d'exécution.

193. En cas d'insuffisance de meubles, il pourra recourir sur ses immeubles du débiteur, si ce dernier en dispose.

194. Par ailleurs, le créancier dispose de la faculté de contraindre le débiteur sur sa personne. C'est la contrainte par corps, c'est-à-dire la prison pour dettes.

195. La contrainte par corps[40] n'est pas codifiée par le droit uniforme, qui ne réglemente que l'exécution forcée sur les biens.

---

39 Pour le débiteur *in bonis,* il s'agit des créanciers de rang 3 (hypothèque conventionnelle, forcée légale ou forcée judiciaire), 4 (privilège général soumis à inscription au RCCM).
Pour le débiteur en cessation de paiement, cette mesure ne concerne que les créanciers de rang 3 (hypothèque)

40 Supprimée en France par la loi du 22 juillet 1867, elle subsiste en droit gabonais aux articles 600 et suivants du code de procédure civile, en droit ivoirien aux articles 699 et suivants du code pénal.

La procédure de la saisie immobilière

Le chronogramme

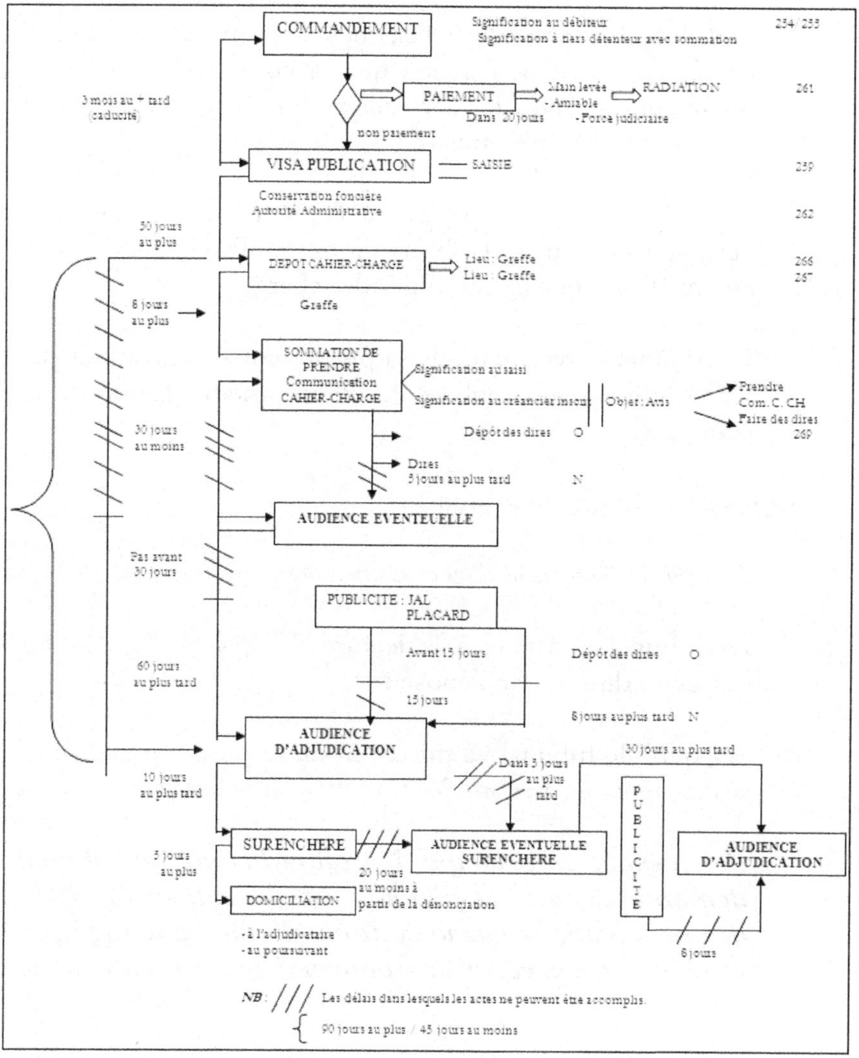

L'audience éventuelle

Mesdames, Messieurs,
L'audience est ouverte.

1. Le tribunal va procéder à l'examen de la procédure inscrite au rôle de ce jour, examen qui va consister à vérifier la régularité de toutes les formalités entreprises en vue de la vente sur saisie immobilière ;

2. Notre contrôle va s'opérer, sur l'initiative des parties, par l'examen des dires et observations régulièrement déposés au Greffe et annexés au cahier des charges;

3. Le tribunal se réservant, de sa propre initiative, d'aviser sur les errements susceptibles de compromettre l'issue de la procédure ;

<u>Sur les dires et observations</u>

1er cas de figure : pas de dires et observations ;

4. Le tribunal constate, à la lecture des pièces du dossier, qu'aucun dire n'a été déposé ;

5. Sur quoi, le tribunal va procéder, de sa propre initiative et séance tenante, au contrôle du cahier des charges ;

   Par respect du principe du contradictoire, le tribunal demande à l'avocat poursuivant s'il entend formuler des observations sur le contrôle d'office envisagé par le tribunal, en vertu des pouvoirs que lui confère la loi.

6. Des pièces du dossier on constate :

- sur le titre objet des poursuites, que...
- sur la propriété, (que l'immeuble est ou non régulièrement immatriculé)
- sur le placement de l'immeuble sous main de justice, que…
- sur les sommations, que…
- sur le cahier des charges, que les différentes prescriptions ont été respectées.

Le tribunal invite l'avocat poursuivant à faire ses observations sur les mérites du contrôle effectué d'office par le tribunal.

7. Sur ce, le délibéré sera rendu le

2ème cas de figure, il y a des dires et observations

8. Le tribunal constate, à la lecture des pièces du dossier, qu'un certain nombre de dires et observations ont été déposés ;

9. Sur quoi, il va être statué sur leur pertinence ;

10. Mais avant, le principe du contradictoire étant de règle en la matière, le tribunal va donner la parole aux auteurs des dires et observations, pour qu'ils nous édifient sur les mérites de leurs contestations, ensuite la parole reviendra au créancier poursuivant, ou à son avocat, pour soutenir le bien fondé des poursuites engagées ;

11. Maître..., vous avez la parole (Avocat du saisi, du tiers saisi, du vendeur non payé, du fol enchérisseur : auteurs des contestations);
12. Maître, nous vous remercions pour vos observations ;

13. La parole revient à Maître…., (Avocats du créancier poursuivant, des créanciers inscrits)

14. Maître, le tribunal vous remercie pour vos observations ;

15. Les débats sont clos

16. Délibéré au………..

3ème cas de figure, le tribunal veut modifier la mise à prix

17. Mesdames, messieurs, des pièces du dossier, il apparaît clairement que l'immeuble saisi est évalué, à dire d'expert, à la somme de …….. FCFA ;

18. Le tribunal, tout en relevant que cette évaluation n'a soulevé aucune contestation, constate que la mise à prix, fixée à …… FCFA, a été évaluée en dessous du quart de la valeur vénale de l'immeuble, ce qui est contraire aux dispositions de l'article 267-10 de l'acte uniforme ;

19. Cette irrégularité appelle une modification de la mise à prix ;

20. Sauf si vous entendez solliciter un renvoi pour parfaire vos écritures, ce que nous sommes prêts à vous concéder pour un délai maximum de cinq (5) jours, le Tribunal invite les parties à faire des observations sur la modification qu'il envisage d'entreprendre sur la mise à prix, le rapport dressé par le cabinet……. , requis par nos soins, nous montrant que celle retenue au cahier des charges est largement en deçà du quart de la valeur vénale de l'immeuble ;

21. Maître (ou Mr)..., vous avez la parole ;

22. Maître, nous vous remercions pour vos observations ;

23. La parole revient à Maître….,

24. Maître, le tribunal vous remercie pour vos observations ;

25. Les débats sont clos

26. Délibéré au………..

La vente par adjudication

L'audience des criées

I – OUVERTURE DE L'AUDIENCE

1.1. Le Président annonce que l'audience est ouverte et qu'il va être procédé à la vente sur adjudication d'une propriété immobilière appartenant à …………

1.2. Le Président rappelle, qu'en plus des avocats inscrits au barreau du Gabon, toute personne peut enchérir.

1.3. Le Président donne la parole à l'avocat poursuivant qui:

- annonce le montant des frais de poursuite taxés ;
- Sollicite que lui soit donné acte de ce que toutes les formalités prescrites par la loi ont été accomplies ;
- Demande que soit ordonné la lecture du cahier des charges ;
- Requiert l'ouverture des enchères sur les mises à prix fixées.

1.4. Le Président donne acte à l'avocat poursuivant de ses déclarations et dit que du tout il sera fait mention dans le jugement d'adjudication.

1.5. Le Président ordonne au Greffier de donner lecture du cahier des charges

1.6. Le Greffier lit les extraits essentiels du cahier des charges.

1.7. Le Président annonce qu'il va être immédiatement procédé aux enchères et à l'adjudication.

II – ENCHÈRES ET ADJUDICATION

2.1. Le Greffier dispose devant lui trois bougies éteintes.

2.2. Il rappelle le montant de la première mise à prix (par exemple 180.000.000) de FCFA et allume la première bougie, en annonçant : **premier feu.**

CAS OÙ IL N'Y A PAS D'ENCHÈRES

2.3. Après avoir attendu une minute, le Greffier éteint la première bougie.

- il allume une deuxième bougie, rappelle la mise à prix de 180.000.000 et annonce **deuxième feu.**
- Il attend encore une minute et éteint la deuxième bougie.
- Il allume une troisième bougie, rappelle la mise à prix de 180 millions et annonce **troisième feu.**

2.4. Le Greffier refait les mêmes opérations avec les trois bougies en rappelant successivement chacune des baisses de mise à prix indiquée au cahier des charges (170 millions, 160 millions, 150 millions……).

2.5. Chaque mise à prix nécessite trois feux.

2.6. À l'extinction du **troisième feu** de la dernière mise à prix, le Président annonce qu'**en raison de l'absence d'enchères, maître …., ès qualité d'avocat poursuivant est déclaré adjudicataire pour le compte de qui il appartiendra pour le prix de ….. millions de FCFA.**

CAS OÙ IL Y A UNE OU PLUSIEURS ENCHÈRES SUR UNE MISE À PRIX

N.B. *il faut toujours qu'il ait été allumé successivement un* ***premier, un second et un troisième feu*** *sur la dernière enchère pour que l'enchérisseur qui l'a faite soit déclaré adjudicataire.*

2.7. La bougie qui est allumée pendant la ou les enchères (peu importe que ce soit pendant le premier, le deuxième ou le troisième feu) doit être éteinte à la fin de la minute considérée. Les enchérisseurs cessent leurs enchères et attendent un nouveau feu.

2.8. La première bougie est à nouveau allumée par le Greffier (peu importe le nombre de feux précédents) qui annonce **premier feu sur l'enchère X........... FCFA (X est le montant de la dernière enchère)**

2.9. Si une ou plusieurs enchères sont faites pendant le **premier feu enchère**, le Greffier attend une minute pour l'éteindre ; puis il allume à nouveau la première bougie et annonce **premier feu sur l'enchère de Y (Y est le montant de la dernière nouvelle enchère).**

2.10. Si aucune enchère n'est plus faite sur l'un des **premiers feux successifs sur enchères**, le Greffier attend une minute pour éteindre la première bougie ; puis il allume la deuxième bougie et annonce **second feu sur enchère de Z (Z est le montant de la dernière enchère faite).**

2.11. Si une ou plusieurs enchères sont faites pendant **le second feu sur enchère** le Greffier recommence tout avec un nouveau **premier feu sur la dernière enchère nouvelle.**

2.12. Lorsque aucune enchère n'est plus faite pendant un **troisième feu sur enchère**, le Greffier arrête ses opérations et annonce au Président : **Monsieur le Président, il n'a pas été surenchéri pendant trois feux à l'offre de Maître (ou de Monsieur) .... Pour X, Y, ou Z FCFA.**

2.13. Le Président déclare alors **l'avocat (ou Mr ...) dernier enchérisseur adjudicataire pour le compte de qui il appartiendra et pour le montant enchéri.**

2.14. Le Président déclare close l'audience d'adjudication.

Le jugement d'adjudication

COUR D'APPEL JUDICIAIRE
REPUBLIQUE GABONAISE

DE PORT-GENTIL **Union-Travail-Justice**

TRIBUNAL DE PREMIERE INSTANCE
DE MOUILA

Repertoire N°________ /2008-2009

JUGEMENT D'ADJUDICATION
DU ..... NOVEMBRE 2....

A l'audience des saisies immobilières du .... novembre 2.... tenue au Palais de Justice de Mouila par Monsieur ...., Président du Tribunal de ladite ville, assisté de Maître ...., Greffier ;

Se sont présentés :

DEMANDEUR :

Société de Pêche d'Idoumi, en abrégé SPI, société à responsabilité limitée, RCCM ...., ayant siège à Mouila BP ....., agissant aux poursuites et diligences de son représentant légal ; Assistée de Maître ...., Avocat au Barreau du GABON ;

Des pièces du dossier et de la plaidoirie de l'avocat poursuivant, il ressort :

Qu'il requiert la vente de l'immeuble aux conditions qui vont suivre, notamment ;

Que le montant des frais de poursuites est fixé à la somme de ……. FCFA ;
Qu'il sera procédé à l'adjudication de l'immeuble portant titre foncier n°…… du plan cadastral de la ville de Mouila sur la mise à prix de ……. millions FCFA ;

DEFENDEUR :

Monsieur Nzigou Bukudu BP ….. Mouila ;
Quoique cité à personne n'a pas comparu, ni déposé mémoire ;

Il sera statué par réputé contradictoire à son égard ;

SUR QUOI

Sur ordre du Président, les enchères ont été ouvertes ;
Trois bougies ont été successivement allumées par le Greffier instrumentaire ;
Pendant la durée des feux, aucune enchère n'a été faite ;

PAR CES MOTIFS

Le Tribunal ;

Vu l'extinction des feux prévus par la loi sans enchère faite en sus de la mise à prix, pendant leur durée ;
Adjuge à la société SPI, partie poursuivante, l'immeuble dont s'agit, aux clauses et conditions du cahier des charges ;
Ordonne, sur signification du présent jugement, à tous détenteurs ou possesseurs de délaisser l'immeuble objet du titre

foncier n°.... du plan cadastral de la ville de Mouila, au profit de l'adjudicataire, sous peine d'y être contraint par voie d'expulsion, ou par tous autres moyens de droit ;
Dit que les frais de poursuites seront prélevés par privilège sur le prix de la vente ;
Condamne le défendeur aux dépens.
Ainsi jugé et prononcé en audience publique les jour, mois et an ci-dessus.

En foi de quoi, la présente ordonnance a été signée après lecture faite par Monsieur le Président qui l'a rendue et par le Greffier.

Régime des déchéances et nullités dans la saisie immobilière

Formalités et délais	Sanction d'inobservation : Déchéance	Sanction d'inobservation : Nullité	Justification d'un Préjudice	Sans préjudice
Le commandement				
1. Destinataires (débiteur et tiers détenteur) 2. mentions du commandement		254	297 al 2	
Mentions d'une sommation à tiers détenteur de payer, de délaisser ou de subir la saisie		255		La nullité encourue n'est assortie d'aucune condition
Publication du commandement (dans les 3 mois de la signification)	259 297 al 1			La déchéance encourue n'est assortie d'aucune condition
Le cahier des charges				
Délai de dépôt (50 jours après publication du commandement)	266 297 al 1			La déchéance encourue n'est assortie d'aucune condition
Les mentions qui doivent y figurer		267	297 al 2	
La date de la vente (45 à 90 Jours du dépôt)	268 et 297 al 1			
Délai de notification des sommations en vue de prendre communication du cahier des charges (8 jours du dépôt) et destinataires (le saisi et les créanciers inscrits)	297 al 1			La nullité encourue n'est assortie d'aucune condition
modalités de la signification de la sommation - à personne ou à domicile pour le saisi - à domicile élu pour les créanciers inscrits		269 al 2	297 al 2	
Les mentions de la sommation		270	297 al 2	

Formalités et délais	Sanction Déchéance	Sanction Nullité	Justification d'un Préjudice	Sans préjudice
Délai de dépôt des dires et de la demande en résolution d'une vente antérieure (jusqu'au 5ème jour précédant l'audience éventuelle)	270 al 3 297 al 1			
Préparation de la vente				
Période de publicité : 30 jours au plus tôt et 15 jours au plus tard avant la vente) formes de publicité : - insertion des extraits du cahier des charges dans un journal d'annonces légales - apposition de placards à la porte du domicile du saisi, à la porte de juridiction compétente, à la porte du notaire, les lieux officiels d'affichage de la commune	276 297 al 1	297 al 2	297 al 2	
Les mentions de l'extrait du cahier des charges		277	297 al 2	
La vente				
Délai de dépôt de la requête aux fins d'ajournement de l'audience éventuelle (jusqu'à 5 jours avant la vente)	281 297 al 1			La nullité encourue n'est assortie d'aucune condition
Délai de dépôt de la demande en surenchère (dans les 10 jours de la vente)	287 297 al 1			La nullité encourue n'est assortie d'aucune condition
Délai de dénonciation à l'adjudicataire de la demande de surenchère (dans les 5 jours de la demande)	288 al 2 297 al 1			La nullité encourue n'est assortie d'aucune condition
Date de l'audience éventuelle sur surenchère (21 jours après la dénonciation)	288 al 7 297 al 1			La nullité encourue n'est assortie d'aucune condition
Date de la vente sur surenchère (dans les 30 jours de l'audience éventuelle)	288 al 8 297 al 1			La nullité encourue n'est assortie d'aucune condition

Index alphabétique

Les chiffres renvoient aux numéros de paragraphe.

J

L

M

N

O

P

R

S

V

Table des matières

Annexes

L'HARMATTAN, ITALIA
Via Degli Artisti 15; 10124 Torino

L'HARMATTAN HONGRIE
Könyvesbolt ; Kossuth L. u. 14-16
1053 Budapest

L'HARMATTAN BURKINA FASO
Rue 15.167 Route du Pô Patte d'oie
12 BP 226 Ouagadougou 12
(00226) 76 59 79 86

ESPACE L'HARMATTAN KINSHASA
Faculté des Sciences sociales,
politiques et administratives
BP243, KIN XI
Université de Kinshasa

L'HARMATTAN CONGO
67, av. E. P. Lumumba
Bât. – Congo Pharmacie (Bib. Nat.)
BP2874 Brazzaville
harmattan.congo@yahoo.fr

L'HARMATTAN GUINÉE
Almamya Rue KA 028, en face du restaurant Le Cèdre
OKB agency BP 3470 Conakry
(00224) 60 20 85 08
harmattanguinee@yahoo.fr

L'HARMATTAN CÔTE D'IVOIRE
M. Etien N'dah Ahmon
Résidence Karl / cité des arts
Abidjan-Cocody 03 BP 1588 Abidjan 03
(00225) 05 77 87 31

L'HARMATTAN MAURITANIE
Espace El Kettab du livre francophone
N° 472 avenue du Palais des Congrès
BP 316 Nouakchott
(00222) 63 25 980

L'HARMATTAN CAMEROUN
BP 11486
Face à la SNI, immeuble Don Bosco
Yaoundé
(00237) 99 76 61 66
harmattancam@yahoo.fr

L'HARMATTAN SÉNÉGAL
« Villa Rose », rue de Diourbel X G, Point E
BP 45034 Dakar FANN
(00221) 33 825 98 58 / 77 242 25 08
senharmattan@gmail.com

644159 - Mars 2016
Achevé d'imprimer par

1livre.com
du rêve à la réalité !

Made in the USA
Monee, IL
04 November 2026

67383968R00049